Cerchi *nei* QUADRI

La pubblicazione è stata pensata
per accompagnare la mostra

Bronzino. Pittore e poeta
alla corte dei Medici
Firenze, Palazzo Strozzi
24 settembre 2010-23 gennaio 2011

Promossa e organizzata da
Ente Cassa di Risparmio di Firenze
Fondazione Palazzo Strozzi
Ministero per i Beni e le Attività Culturali
Soprintendenza PSAE e per il Polo Museale
della città di Firenze

con
Comune di Firenze
Provincia di Firenze
Camera di Commercio di Firenze
Associazione Partners Palazzo Strozzi

e
Regione Tocana

Sponsor
Ferrovie dello Stato
Apt Firenze
Ataf
Aeroporto di Firenze
Coop-Unicoop Firenze
Firenze Parcheggi
Miles & More International/Lufthansa

Comunicazione e promozione
Susanna Holm – CSC Sigma

Ufficio stampa
Antonella Fiori
Sue Bond

Una pubblicazione di
Fondazione Palazzo Strozzi

Ideazione e direzione creativa
James M. Bradburne

Testi
Roberto Piumini

Illustrazioni
Niccolò Angeli

Coordinamento editoriale
Ludovica Sebregondi

Progetto grafico
RovaiWeber design

Ringraziamenti
Un particolare ringraziamento
a Miel de Botton-Aynsley

The Bank of America Merrill Lynch Art
Conservation Programme ha finanziato
il restauro di:
Bronzino, *Venere, Amore e Gelosia (o Invidia)*,
Budapest, Szépművészeti Múzeum
Bronzino, *Ritratto di Lorenzo Lenzi*, Milano,
Civiche Raccolte Artistiche - Pinacoteca
del Castello Sforzesco

Ente Cassa di Risparmio di Firenze
ha finanziato il restauro di:
Bronzino, *Ritratto del nano Morgante*,
Firenze, Galleria degli Uffizi

www.palazzostrozzi.org

Stampato in Italia
da Lito Terrazzi, Firenze
agosto 2010

ISBN 978-88-96532-19-5

Crediti fotografici

Foto Gonella Foto snc 2010 Su concessione
della Fondazione Torino Musei (divieto di ulteriore
riproduzione o duplicazione con qualsiasi mezzo) (p. 4)
Foto Studio Perotti (p. 6)
Foto Antonio Quattrone* Su concessione del Ministero per
i Beni e le Attività Culturali (pp. 8 12, 18, 20, 22, 24, 32, 33)
Sydney, Art Gallery of New South Wales Foundation,
Purchase 1996 (p. 10)
Foto Laboratorio fotografico dell'Opificio
delle Pietre Dure (pp. 14, 16)
Foto Saporetti (p. 26)
Foto Paolo Mariani (p. 28)
Foto Antonio Quattrone, su concessione di
Szépművészeti Múzeum, Budapest (p. 30)
Foto © U. Edelmann-Städel Museum-ARTOTHEK (p. 36)
Foto © NGC (p. 38)
Foto Szépművészeti Múzeum, Budapest (p. 40)
© RMN / Gérard Blot (p. 42)

Cerchi *nei* QUADRI

Venti scene nascoste
nel Bronzino

Roberto Piumini
illustrazioni di Niccolò Angeli

James M. Bradburne

Il Bronzino è il pittore fiorentino per antonomasia e Palazzo Strozzi la sede perfetta per la prima mostra monografica dei suoi dipinti. Figlio di un macellaio, Agnolo di Cosimo meglio conosciuto come il Bronzino, nacque il 17 novembre 1503 a Monticelli, un sobborgo di Firenze. Dal 1515-1517 ebbe inizio il suo apprendistato presso il Pontormo (1494-1557), e la loro amicizia e collaborazione professionale continuò per almeno quattro decenni. Bronzino è uno dei maggiori artisti nella storia della pittura italiana e incarna la pienezza della "maniera moderna" negli anni in cui Cosimo I de' Medici governava Firenze. I dipinti del Bronzino ritrassero l'elegante corte medicea con una bellezza allo stesso tempo austera e naturalistica, con gelido e aristocratico splendore. Sofisticato pittore di corte, Bronzino fu ammesso all'Accademia degli Umidi – poi Accademia Fiorentina – come poeta, e la sua poesia alterna registri espressivi: dall'aulico stile accademico del Petrarca a versi ironici e satirici come *Il piato*, in cui descrive un viaggio immaginario e simbolico attraverso le viscere di un gigante, o *La cipolla*, scherzoso ed erotico omaggio

alla femminilità. L'eredità del Bronzino viene raccolta da Alessandro Allori, attivo fino al 1607, quando il naturalismo di Caravaggio dilaga, segnando l'inizio di una nuova era in pittura. Sebbene la "maniera moderna" di Bronzino fosse recepita dalle generazioni più giovani come antiquata, agli occhi moderni appare fresca e contemporanea.
La contemporaneità non dipende dalla data ma dal contenuto: dopo tutto ogni arte è contemporanea al momento della sua creazione. Tutta l'arte, che sia di Bronzino o di Mark Rothko, diventa dunque antiquata – o senza tempo – con il passare degli anni. La mostra *Bronzino. Pittore e poeta alla corte dei Medici* – accompagnata dalle deliziose filastrocche di Roberto Piumini (che hanno ispirato la loro riformulazione in inglese, affidata a Konrad Eisenbichler) e dalle suggestive illustrazioni contemporanee di Niccolò Angeli – ci aiuta a elaborare e rielaborare il nostro mondo, riscrivendo la nostra storia comune in un linguaggio che può essere letto con piacere da giovani e vecchi.

Roberto Piumini

Cerchi *nei* QUADRI

Bronzino
(Agnolo di Cosimo; Monticelli, Firenze 1503-Firenze 1572)
San Michele Arcangelo
1525-1528 circa
tempera su tela; cm 94 x 59,5
Torino, Palazzo Madama, Museo Civico d'Arte Antica

Bel gioco l'altalena, in verità,
si va giù e poi su, alternamente.
Ma vedi? C'è qualcosa che non va
in questa altalena risplendente…

Un angelo la regge con la mano,
e il piccolo di destra porta su:
chi è quello che in basso, scuro e strano,
l'altro, a sinistra, tiene e tira giù?

Forse questa non è un'altalena…
E se un angelo salva l'innocente,
chi sarà quello che, con brutta lena,
trascina l'altro giù, dannatamente?

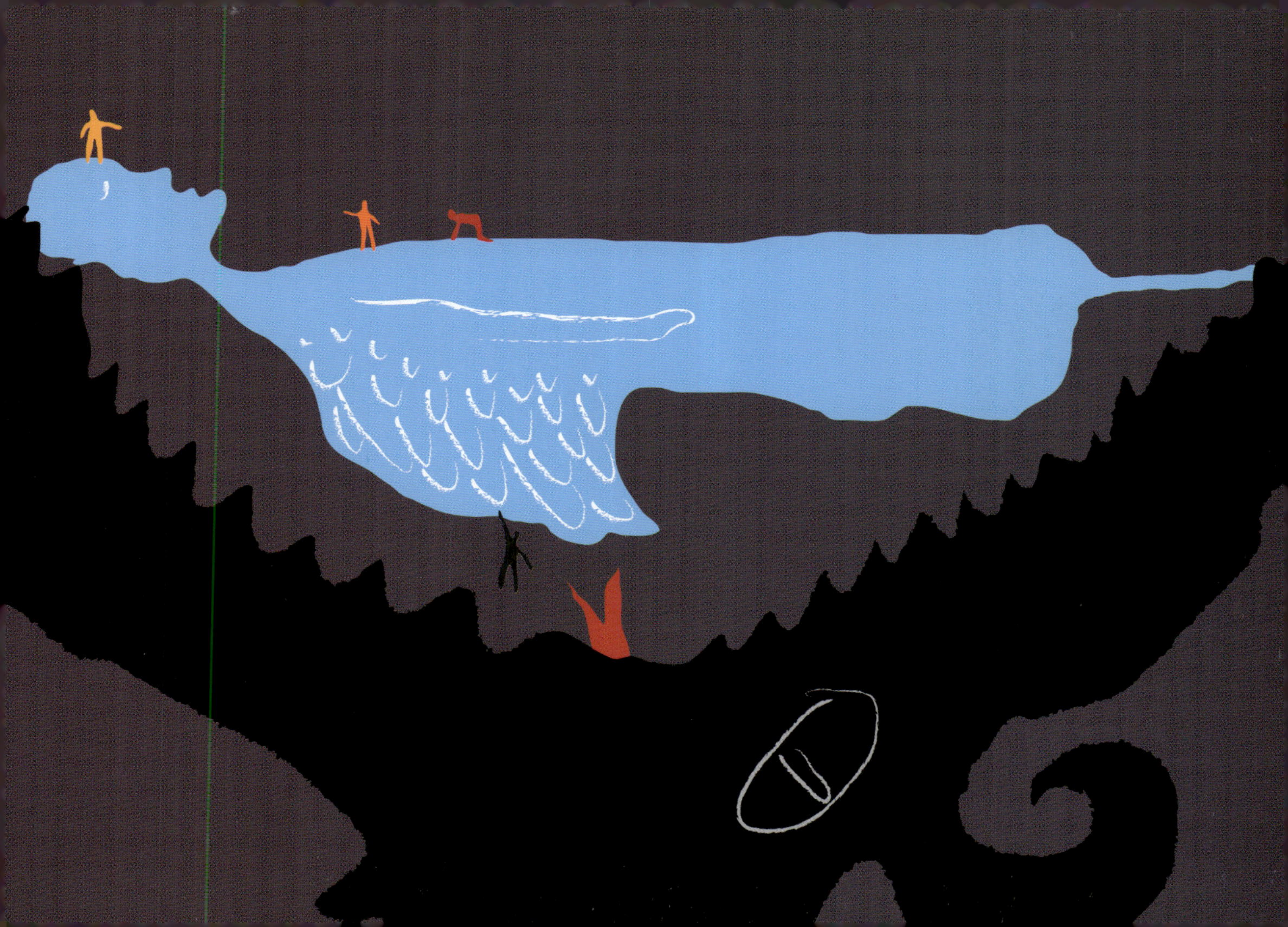

Bronzino
Madonna col Bambino e san Giovannino
1530 circa
olio su tavola; cm 66 x 50
Milano, collezione privata

Che sia lassù, sul colle, a brucare
sotto la torre e il cielo nuvoloso?
O in riva al fiume, a destra, a belare
vicino a quel castello poderoso?
O forse è una figura, ed è illustrato
sul libro che lei legge di traverso?
Dov'è l'agnello? Dove s'è cacciato?
Forse si è nascosto, oppure perso?
O forse è solamente una parola,
scritta dove son scritte le parole?
Anche se qui non siamo in una scuola,
lo può scoprire chi leggere vuole.

Agnus Dei

Bronzino
I diecimila martiri
1529-1530
olio su tavola; cm 66,5 x 44,7
Firenze, Galleria degli Uffizi

Ahi ahi, nel cielo, che **nuvole nere,**
e in terra che violenza e che dolore!
Colpisce e uccide ogni cavaliere,
ogni vittima grida, **cade e muore.**

Ahi ahi, persino gli angeli bambini,
lassù, scagliano **frecce** sulla **terra!**
Che scena piena di duri **assassini,**
di **rabbia e vendetta,** **odio e guerra!**

Ahi ahi, lo vedi, in mezzo al furore
quello che batte su un tamburo grosso?
Lo vedi, tu, quel pazzo suonatore,
suonare in mezzo al sangue caldo e rosso?

Bronzino
Ritratto di Cosimo I de' Medici
1544-1545 circa
olio su tavola; cm 86 x 67
Sydney, Art Gallery of New South Wales

Ti stai chiedendo, **Cosimo**, perché,
quando hai abbracciato ieri, il tuo amore,
nonostante l'affetto che ha per te,
si è messa a **strillare** di dolore?

Continui a domandarti, corrucciato,
perché la tua amata, **stamattina**,
quando con tanta gioia ti ha **abbracciato**,
ha fatto **quello strillo da** gallina?

Cosimo, lei ti ama, non temere,
né, credi a noi, è diventata pazza:
qualcosa, forse, è da rivedere,
bel condottiero, sulla tua **corazza.**

Bronzino
Ritratto di Eleonora di Toledo col figlio Giovanni
1545
olio su tavola; cm 115 x 96
Firenze, Galleria degli Uffizi

Che bella mamma hai, piccolo amico,
col suo vestito tutto di broccato,
ma io vedo una cosa, e te la dico:
ha uno sguardo triste, un po' annoiato.

Ha due collane ed un ricco pendaglio,
perle preziose e orecchini splendenti:
però noto una cosa, e non mi sbaglio,
ha gli occhi malinconici, un po' spenti.

Allora, piccolo amico, fra poco, dalle la mano e di': «Vieni con me?»

portala giù in giardino a fare un gioco, a correre e a ridere con te.

Bronzino, disegno; collaborazione di Raffaellino del Colle,
cartone della scena; Alessandro Allori, cartone della bordura, 1548-1549
Nicolas Karcher, tessitura in basso liccio, 1549
Giuseppe fugge dalla moglie di Putifarre
trama: lana, seta, argento e argento dorato; ordito: lana; cm 562 x 448
Firenze, Soprintendenza PSAE e per il Polo Museale della città di Firenze

Scappa, Giuseppe, che ti vuol baciare,
accarezzare e stracoccolare!
Vuole acchiapparti e farti suo **tesoro**,
come quell'altra, là, che ha preso il toro!

Scappa, Giuseppe, dalle sue moine,
o farai presto una gran brutta fine:
come il vecchio, a destra, disgraziato,
morto di **baci**, distrutto e stremato!

Scappa dalle sue **mani**, dalle **dita**
di questa donna che si è invaghita!
Scappa lontano, con le ali ai piedi,
nascosto come il cucciolo, lo vedi?

Bronzino, disegno; collaborazione di Raffaellino del Colle, cartone della scena; Alessandro Allori, cartone della bordura, 1549-1553
Nicolas Karcher, tessitura in basso liccio, 1550-1553
Giacobbe benedice i figli di Giuseppe
trama: lana, seta, argento e argento dorato; ordito: lana; cm 581 x 467
Firenze, Soprintendenza PSAE e per il Polo Museale della città di Firenze

Ma vi sembra ben fatto e conveniente?
Il grande vecchio steso nel suo letto,
affaticato, già quasi morente,
dà la benedizione al pargoletto,

e intorno a lui, commossi, tutti quanti,
parenti e amici, nipoti e figlioli,
fra mormorii addolorati e i pianti,
perché fra poco li lascerà soli,

e quello, pur mostrandosi pietoso,
gli solletica i piedi, lo vedete?
Non solo sconveniente, è scandaloso,
e parecchio crudele, non credete?

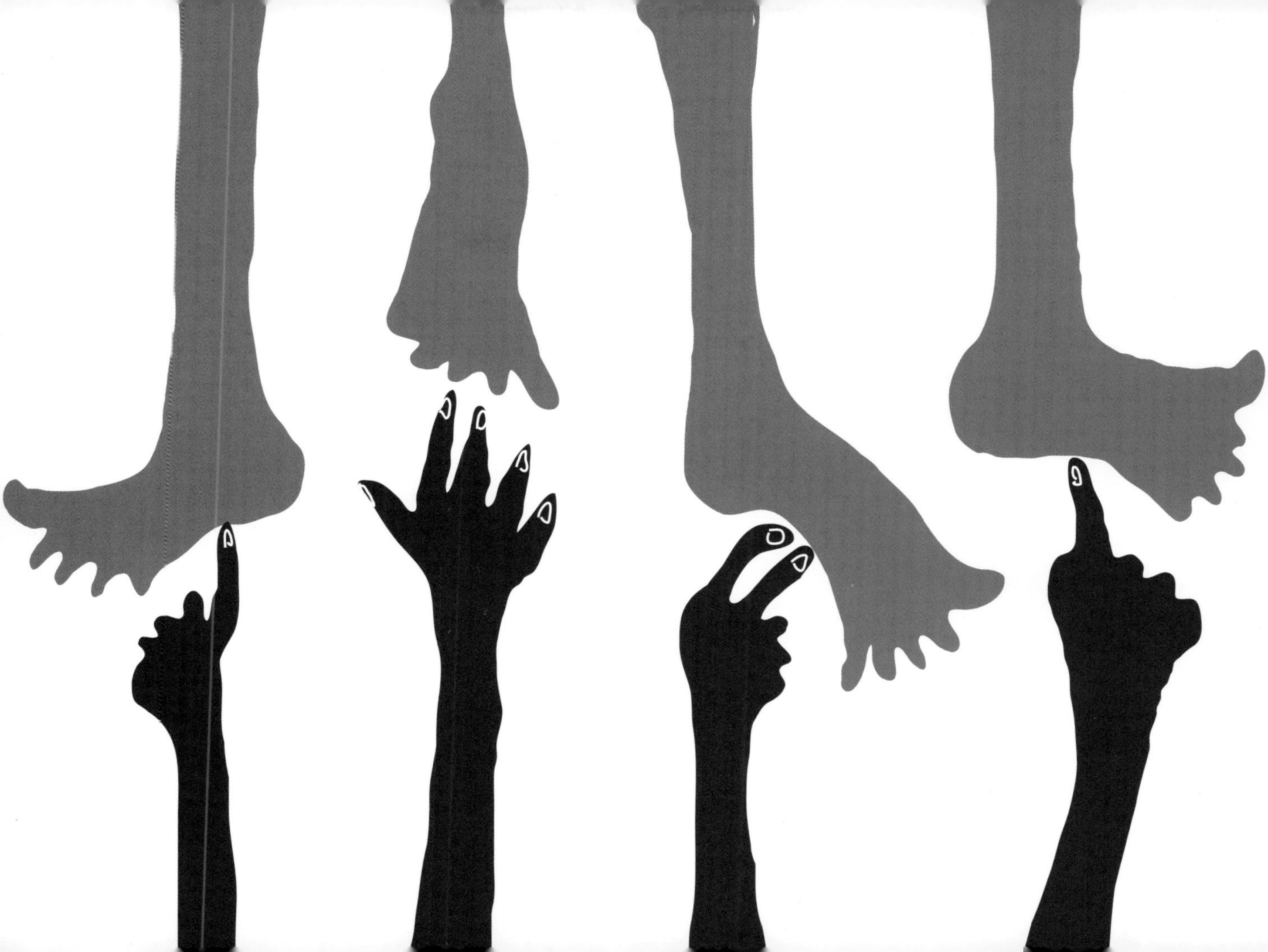

Bronzino
Ritratto di Giovanni di Cosimo I de' Medici
1545
olio su tavola; cm 58 x 45
Firenze, Galleria degli Uffizi

Non sei tu il diavoletto, Giovannino,
che tieni con soddisfatta allegria,
nella mano grassoccia, l'uccellino
per impedire che ti voli via.

Sì, talvolta lo sei, quando tu gridi
o fai dispetti, ma non stamattina:
ora tu sei tranquillo, anzi sorridi,
con quella bocca rossa e piccolina.

No, non sei tu il diavoletto rosso
che in questo quadro sta in un certo posto.
Se non è intorno, forse l'hai addosso
Chi vede il diavolino che è nascosto?

Bronzino e bottega
Ritratto di Lorenzo de' Medici, detto il Magnifico
1555-1565
olio su stagno; cm 16 x 12,5
Firenze, Galleria degli Uffizi

offendere,
Lorenzo, non ti però,

se le parole hanno ancora un senso,
considerato il tuo nome, dirò
sinceramente quello che io penso.

«Magnifico» ti dissero, non credo
per la tua fronte, il naso o la bocca,
perché, se è vero quello che io vedo,
lì, la magnificenza, non ti tocca.

Probabilmente, anzi, certamente,
«Magnifico» sei stato in altre cose:

per il
coraggio,
l'astuzia,
la mente,
per i pensieri
e le azioni
gloriose.

Bronzino
Ritratto di Bartolomeo Panciatichi
1541-1545
olio su tavola; cm 104 x 85
Firenze, Galleria degli Uffizi

Bartolomeo, d'accordo, tu leggevi
tranquillamente quel tuo libricino
pieno di cose sagge, e riflettevi
nel bel silenzio del tuo balconcino.

Tu invece l'hai sgridato, e lui è fuggito,
e adesso è lì, stordito di dolore,
tristissimo, nascosto, impaurito…
Su, dagli una carezza, buon signore!

Lui ha abbaiato, sì, ma solamente
perché voleva un po' farsi notare,
perché, lo sai, è fedele e intelligente,
ma ha voglia di muoversi, di andare…

Bronzino
Sacra famiglia con san Giovannino
(Madonna Panciatichi)
1538-1540
olio su tavola; cm 116,9 x 93,5
Firenze, Galleria degli Uffizi

«Maria,»
dice Giuseppe, «se fra poco,
Gesù si sveglierà e vorrà mangiare,
io accenderò con la legna un bel fuoco,
ma tu, che cos'avrai da cucinare?»

«E poi,»
Giuseppe dice, «è arrivato
anche Giovanni, suo cugino, e sai
che è un bambino molto affamato...
Maria, Maria, cosa cucinerai?»

Lei sorride e risponde: «Farò
frittelle di farina, dolci e bionde.»
Vedi un sacco di farina? Io no.
Tu guarda meglio: dove si nasconde?

Bronzino
Ritratto di Lorenzo Lenzi
1527-1528
olio su tavola; cm 92 x 72,8
Milano, Civiche Raccolte Artistiche, Pinacoteca del Castello Sforzesco

Chissà perché hai nel volto, Lorenzino,
quell'espressione di mesto sconcerto?
Sul grosso libro che tieni aperto,
hai letto forse il tuo triste destino?

Quell'espressione di perplessità
è perché devi, compito di scuola,
leggere tutto il libro, e il tempo vola,
e tu sei ancora a meno di metà?

Oppure, accade che tu sia passato
davanti a uno specchio a corpo intero,
e vedendo quel tipo tutto nero,
all'improvviso, ti sei spaventato?

Bronzino
Ritratto allegorico di Dante
1532-1533
olio su tela; cm 130 x 136
Firenze, collezione privata

In testa hai **l'alloro** della **gloria**
e tieni il tuo gran **libro** di **poesia.**
Sotto la destra, con **triste** memoria,
la tua Firenze, da cui andasti via.

Dante, per i tuoi versi belli e forti
hai proprio **naso,** come ben vediamo,
e che tu abbia ricevuto torti
dai **Fiorentini,** questo lo sappiamo.

Ma che cos'è quella **montagna** accesa,
quel **forno** immenso, quell'enorme pira?
Che pizza cuoci, Dante? Che sorpresa
prepara, ai Fiorentini, **la tua ira?**

Bronzino
Venere, Amore e Gelosia (o *Invidia*)
1550 circa
olio su tavola; cm 192 x 142
Budapest, Szépművészeti Múzeum

Che bella scena, dove si capisce
che l'amore dà onore, che incorona,
che non fa male anche se colpisce,
che, insomma, è una cosa dolce e buona.

E poi si vede che l'amore vero
schiaccia le brutte maschere bugiarde,
perché l'amore è onesto e sincero,
non brucia e non distrugge, anche se arde.

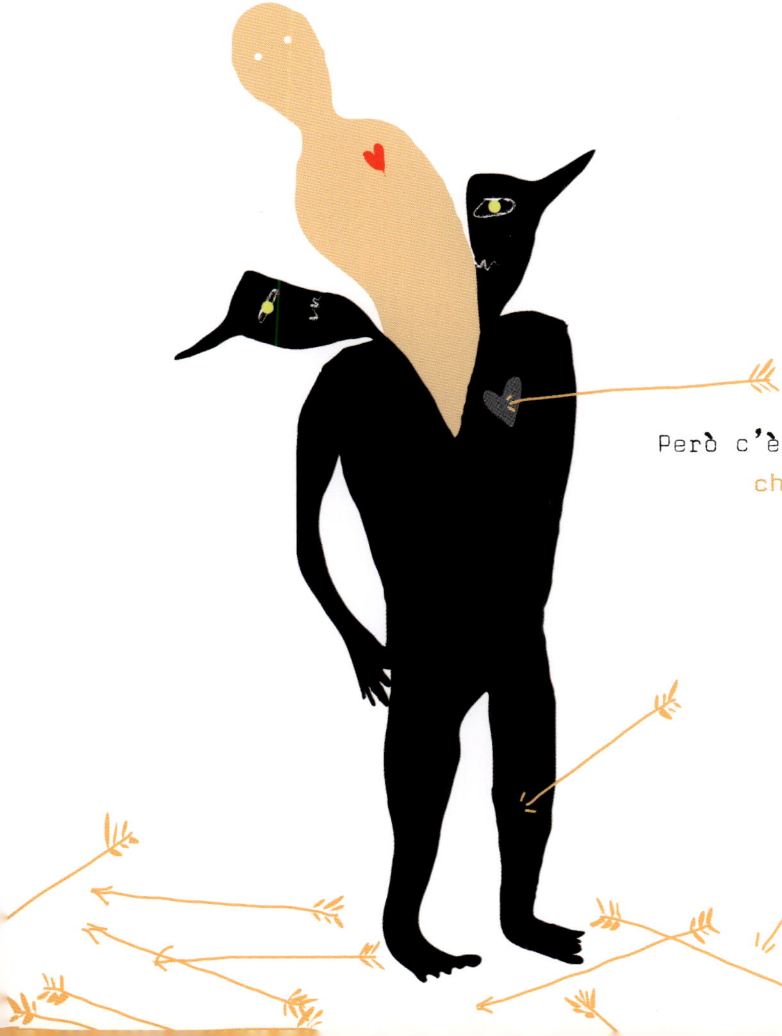

Però c'è un brutto mostro, in qualche posto,

che tiene in bocca un serpe aggrovigliato:

che c'entra con l'amore, lì nascosto, orrendo, minaccioso e forsennato?

Bronzino
Ritratto frontale del nano Morgante
ante 1553
olio su tela; cm 150 x 98
Firenze, Galleria degli Uffizi

Perbacco, Nano, sei Bacco o sei Nano?
Da questa parte sembreresti Bacco,
con la tua bella coppa nella mano,
piena del vino che ti piace un sacco.

Ti piace un sacco, sì, ma certamente
ne devi aver bevuto già parecchio,
se non ti accorgi che, sbadatamente,
ne stai versando a terra mezzo secchio.

Se il vino è buono, è bello brindare,
insieme agli altri, durante la festa:

ma attento, Bacco, a non esagerare,

o, dopo, ti verrà un gran mal di testa.

Bronzino
Ritratto tergale del nano Morgante
ante 1553
olio su tela; cm 150 x 98
Firenze, Galleria degli Uffizi

Perbacco, Nano, sei Nano o sei Bacco?
Da questa parte sembreresti il Nano,
che della selvaggina va all'attacco,
col suo duro bastone nella mano.

Il gufo aiutante che hai addestrato
ti aiuta, cerca e trova la tua preda,
poi tu arrivi, col bastone alzato,
e la colpisci prima che ti veda.

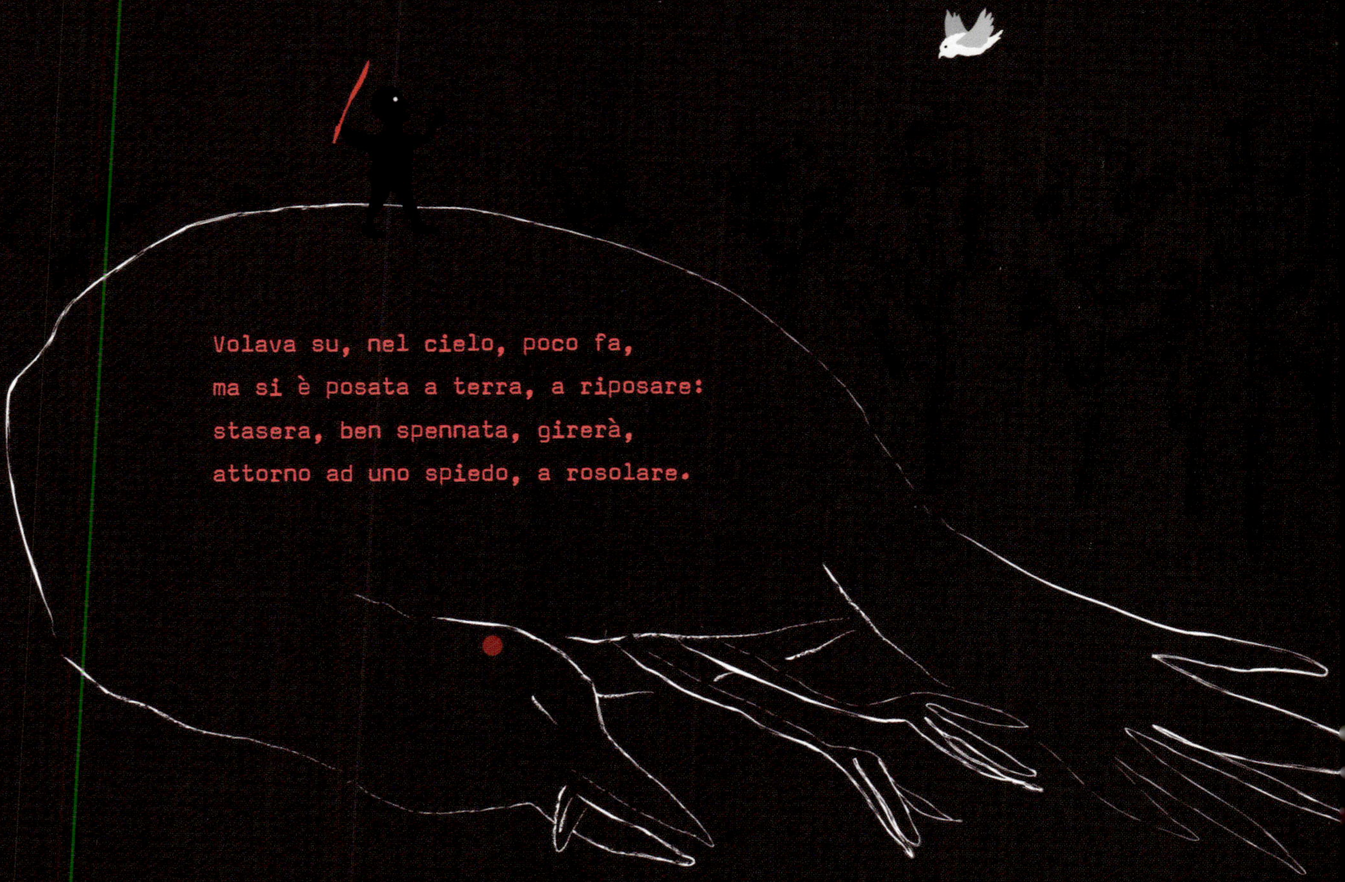

Volava su, nel cielo, poco fa,
ma si è posata a terra, a riposare:
stasera, ben spennata, girerà,
attorno ad uno spiedo, a rosolare.

Bronzino
Ritratto di dama con cagnolino
1530-1533
olio su tavola; cm 89,8 x 70,5
Francoforte, Städel Museum

Ad una dama non pesa posare,
restando ferma lì, per ore e ore,
perché, alla fine, potrà ammirare,
il bel ritratto fatto dal pittore.

Un cucciolo, però, come lo tieni?
A lui, che cosa importa del ritratto?
Non lo fermi con lacci né con freni:
ma allora, questa dama, come ha fatto?

Guardi, e scopri il gioco. Lei teneva qualcosa (ma che cosa?) e annunciava: «Ora la butto!» ma non lo faceva,
e lui, paziente e immobile, aspettava.

Bronzino
Ritratto di uomo (*Pierantonio Bandini?*)
1550-1555 circa
olio su tavola; cm 106,7 x 82,5
Ottawa, National Gallery of Canada

Sì

Sì,

Sì, Pierantonio, sei affascinante
con la tua lunga barba arricciolata,
con quello sguardo che vede distante,
e la tua ampia fronte illuminata.

Sì, Pierantonio, sei molto elegante,
nella tua seta blu, che fa un gioco
di arricciamenti, lucida e cangiante,
e, sotto, quella blusa rosso fuoco.

Bello, elegante, ma non crederai
che quella bella donna abbia perduto
la sua testa per te! Ma non lo sai,
che, come amanti, degli Dei ha avuto?

ma

ma

ma

Bronzino
Adorazione dei pastori
1539-1540 circa
olio su tavola; cm 65,3 x 46,7
Budapest, Szépművészeti Múzeum

Sopra, a corona, in gloria gioiosa,
cantano i cinque, come usignoli.
Sotto, i tre grandi, verde, rosso e rosa,
si sono appena posati dai voli.

Il piccolo è guardato da Maria
e da Giuseppe, arrivano i pastori,
posano doni, in timida allegria:
sopra, i cinque, fanno i loro cori.

Ma ce n'è uno, vedi? più lontano,
dagli altri è rimasto un po' staccato.
Viene nel buio, lieve, vola piano,
batte le ali, lento, emozionato.

Bronzino
Sacra famiglia con sant'Anna e san Giovannino
1550-1560
olio su tavola; cm 133 x 101
Parigi, Musée du Louvre, Département des Peintures

In mano a Gesù sta Priccichello,
caduto giù dal nido, ieri sera,
insieme a Nittolino, suo fratello,
a causa di un gran vento di bufera.

Gesù e Giovanni, che amano gli uccelli,
li hanno raccolti, li hanno accarezzati,
li hanno nutriti, e poiché sono belli,
a tutti quanti li hanno mostrati.

Ma adesso, li sentite? hanno sete.
Pigolano coi beccucci spalancati.
Fra poco in quell'acqua, la vedete?
immergeranno i becchi i due assetati.

Hide
AND ***Seek***

This publication was written
to coincide with the exhibition

**Bronzino. Artist and Poet
at the Court of the Medici**
24 September 2010–23 January 2011

Promoted and produced by
Ente Cassa di Risparmio di Firenze
Fondazione Palazzo Strozzi
Ministero per i Beni e le Attività Culturali
Soprintendenza PSAE e per il Polo Museale della
città di Firenze

with the support of
Comune di Firenze
Provincia di Firenze
Camera di Commercio di Firenze
Associazione Partners Palazzo Strozzi

and
Regione Toscana

Sponsors
Ferrovie dello Stato
Apt Firenze
Ataf
Aeroporto di Firenze
Coop-Unicoop Firenze
Firenze Parcheggi
Miles & More International/Lufthansa

Communication and promotion
Susanna Holm – CSC Sigma

Press office
Antonella Fiori
Sue Bond

A publication of
Fondazione Palazzo Strozzi

Concept and creative direction
James M. Bradburne

Texts
Konrad Eisenbichler from an idea
by Roberto Piumini

Illustrations
Niccolò Angeli

Editorial coordination
Ludovica Sebregondi

Graphic design and layout
RovaiWeber design

Acknowledgments
Special thanks to
Miel de Botton-Aynsley

The Bank of America Merrill Lynch
Art Conservation Programme has
sponsored the restoration of:
Bronzino, *Venus, Cupid and Jealousy* (or *Envy*)
Budapest, Szépművészeti Múzeum
Bronzino, *Portrait of Lorenzo Lenzi*,
Milan, Civiche Raccolte Artistiche -
Pinacoteca del Castello Sforzesco

Ente Cassa di Risparmio di Firenze
has sponsored the restoration of:
Bronzino, *Portrait of the Dwarf Morgante*,
Florence, Galleria degli Uffizi

www.palazzostrozzi.org

Printed in Italy
by Lito Terrazzi, Florence
August 2010

ISBN 978-88-96532-19-5

Photo Credits

Gonella Foto snc 2010 Su concessione
della Fondazione Torino Musei (divieto di ulteriore
riproduzione o duplicazione con qualsiasi mezzo) (p. 4)
Foto Studio Perotti (p. 6)
Foto Antonio Quattrone Su concessione del Ministero per
i Beni e le Attività Culturali (pp. 8, 12, 18, 20, 22, 24, 32, 33)
Sydney, Art Gallery of New South Wales Foundation,
Purchase 1996 (p. 10)
Foto Laboratorio fotografico dell'Opificio
delle Pietre Dure (pp. 14, 16)
Foto Saporetti (p. 26)
Foto Paolo Mariani (p. 28)
Foto Antonio Quattrone, su concessione di
Szépművészeti Múzeum, Budapest (p. 30)
Foto © U. Edelmann-Städel Museum-ARTOTHEK (p. 36)
Foto © NGC (p. 38)
Foto Szépművészeti Múzeum, Budapest (p. 40)
© RMN / Gérard Blot (p. 42)

Hide AND *Seek*

Twenty ways to look at Bronzino

Konrad Eisenbichler from an idea by Roberto Piumini
illustrations by Niccolò Angeli

James M. Bradburne

Bronzino is the quintessential Florentine painter, and the Palazzo Strozzi is the perfect setting for the first ever monographic exploration of Bronzino's paintings.The son of a butcher, Agnolo di Cosimo, better known as Bronzino, was born on November 17, 1503, in Monticelli, then a suburb of Florence. From 1515–7 he was apprenticed to the painter Jacopo Pontormo (1494–1557), and the friendship and professional association between them continued for almost four decades. Bronzino is one of the greatest artists in the history of Italian painting, and embodies the ripening of the 'modern manner' in the years in which Cosimo I de' Medici ruled Florence. Bronzino's paintings portrayed the elegant Medici court with an austere beauty and 'naturalness' yet, at the same time, a kind of icy aristocratic splendour. A sophisticated court painter, Bronzino was admitted in 1541 to the Academy degli Umidi (after Accademia Fiorentina) as a poet, and his poetry ranged from the academic style of Petrarch to such ironic and satirical verses as *Il piato*, where he describes an imaginary and symbolic journey through a giant's entrails, or *La cipolla*,

a playful and erotic homage to womenkind. Bronzino's legacy was continued by his favourite pupil Alessandro Allori, who was to paint until 1607, by which time the naturalism of Caravaggio was spreading unchecked, marking the beginning of a new era in painting. And although Bronzino's 'modern manner' was soon seen by the younger generation as old-fashioned, to modern eyes, it still seems fresh and contemporary.

Being contemporary doesn't depend on the date of the content—after all, all art is contemporary at the moment of its creation. The exhibition *Bronzino. Artist and Poet at the Court of the Medici*—accompanied by Roberto Piumini's delightful riddles (the inspiration for their marvellous reformulation in the hands of Konrad Eisenbichler) and Niccolò Angeli's striking illustrations—helps us make and re-make our world, rewriting our shared history in a language that can be read with pleasure by young and old.

Konrad Eisenbichler
from an idea by Roberto Piumini

Hide AND *Seek*

Bronzino (Agnolo di Cosimo; Monticelli, Florence 1503–Florence 1572)
St. Michael the Archangel
c. 1525–8
tempera on canvas; 94 x 59.5
Turin, Palazzo Madama, Museo Civico d'Arte Antica

A seesaw, wow! That's lots of fun!
You're up and down, you laugh and scream.
But look! This seesaw has begun
To go off-balance. See the beam?

An angel holds it in his hand,
And on the right that boy is up,
But on the left a grasping hand
Has seized the boy that's in that cup.

What kind of seesaw could this be?
If that's an angel helping out
Then who's that figure that I see
Grabbing the boy who seems to shout?

Bronzino
Madonna and Child with St. John
c. 1530
oil on panel; 66 x 50 cm
Milan, private collection

John has written something serious
On that ribbon in his hands
But the words are so mysterious
That just Jesus understands.

Mary wonders "What's the language?
I don't get it. Is it Greek?"
Then she adds "Oh, I can manage.
Here's my book, I'll have a peek."

Jesus knows but will not say it
For those words will mark his fate.
If you know, then you must say it;
What's the mystery, tell me straight!

Agnus Dei

Bronzino
The Martyrdom of the Ten Thousand
c. 1530
oil on panel, 66,5 x 44,7 cm
Florence, Galleria degli Uffizi

What black **clouds** in the sky, dear **Lord**,

What violence here on earth, what pain!
The **dagger**, **drawn** with great discord,

Strikes **fast** and soon a man is slain.

From **heav'n** the little angel boys

Are shooting **arrows** with great force!

This is a scene of **death** and **noise**,
Of **anger**, **hate**, and no remorse.

And in the midst of all this din
A man plays on his fife and drum.
Did you catch sight of him within
This crowd of murderers and scum?

Bronzino
Portrait of Cosimo I de' Medici
c. 1544–5
oil on panel; 86 x 67 cm
Sydney, Art Gallery of New South Wales

Noble duke, are you wondering why,
When you hugged your dear love as you left,
She let out, unexpected, a cry
And appeared somewhat hurt or bereft?

You are troubled and cannot surmise
Why this morning your love hugged you tight
With great joy in her beautiful eyes
And then screamed with such frightening might.

Do not fear, she still loves you, great duke,
And don't worry, she has not gone mad,
But perhaps from her sudden rebuke
You should think about how you are clad.

Bronzino
Portrait of Eleonora of Toledo with her Son Giovanni
1545
oil on panel; 115 x 96 cm
Florence, Galleria degli Uffizi

You have the prettiest mom around,
And yet she seems so strangely sad.
The silk and brocade of her gown
Bring her no joy, and that's too bad.

She has two gorgeous strands of pearls,
A pair of earrings, large and matched,
A pendant worth two wealthy earls,
And yet she's distant and detached.

You need to cheer her up a bit,
To make her laugh her day away,
So take her hand, don't let her sit,
And drag her out with you to play.

Bronzino, design; with the assistance of Raffaellino del Colle, cartoon of the scene;
Alessandro Allori, cartoon of the border, 1548–9
Nicolas Karcher, weaving on a low-warp loom, 1549
Joseph Fleeing Potiphar's Wife
weft: wool, silk, silver threads and gilded silver threads; warp: wool, 562 x 448 cm
Florence, Soprintendenza PSAE e per il Polo Museale della città di Firenze

Run, Joseph, run, get away from that woman
Who's eager to **kiss you and hold you** so close!
For if she should catch you she'll make you her **true** man
And then you'll be hers from your head to your toes.

Run, Joseph, run, get away from her charms,
Or else you will soon end your life rather badly
Just like that man who collapsed in her arms
Or **just like the bull** she is hugging quite madly.

Run from her **arms,** from her **hands,** from her **fingers,**
Run from this woman enamoured with you,
Flee far away—there is woe if you linger—
Or hide like that puppy ... you see him, don't you?

Bronzino design; with the assistance of Raffaellino del Colle, cartoon of the scene; Alessandro Allori, cartoon oft he border; 1549–53 Nicolas Karcher, weaving on a low-warp loom; 1550–3
Jacob Blessing the Sons of Joseph
weft: wool, silk, silver threads and gilded silver threads; warp: wool; 581 x 467 cm
Florence, Soprintendenza PSAE e per il Polo Museale della città di Firenze

It **just** does not seem **right** to me, at all!
The **great** old man is laid out on his bed,
He's tired, worn out, and yet he's **sitting** tall
So as to bless each boy and touch his head,

While all around his friends are **moved** to tears,
His family, his sons, and all his kin
Are weeping **sadly** for they're gripped by **fears**
That cannot be expressed, their hopes are thin,

And all the while that man that seems so kind
Is **tickling** hard his feet, **can you** see that?
This is unseemly, **scandalous,** unkind!
Don't you agree that man's a **nasty** brat?

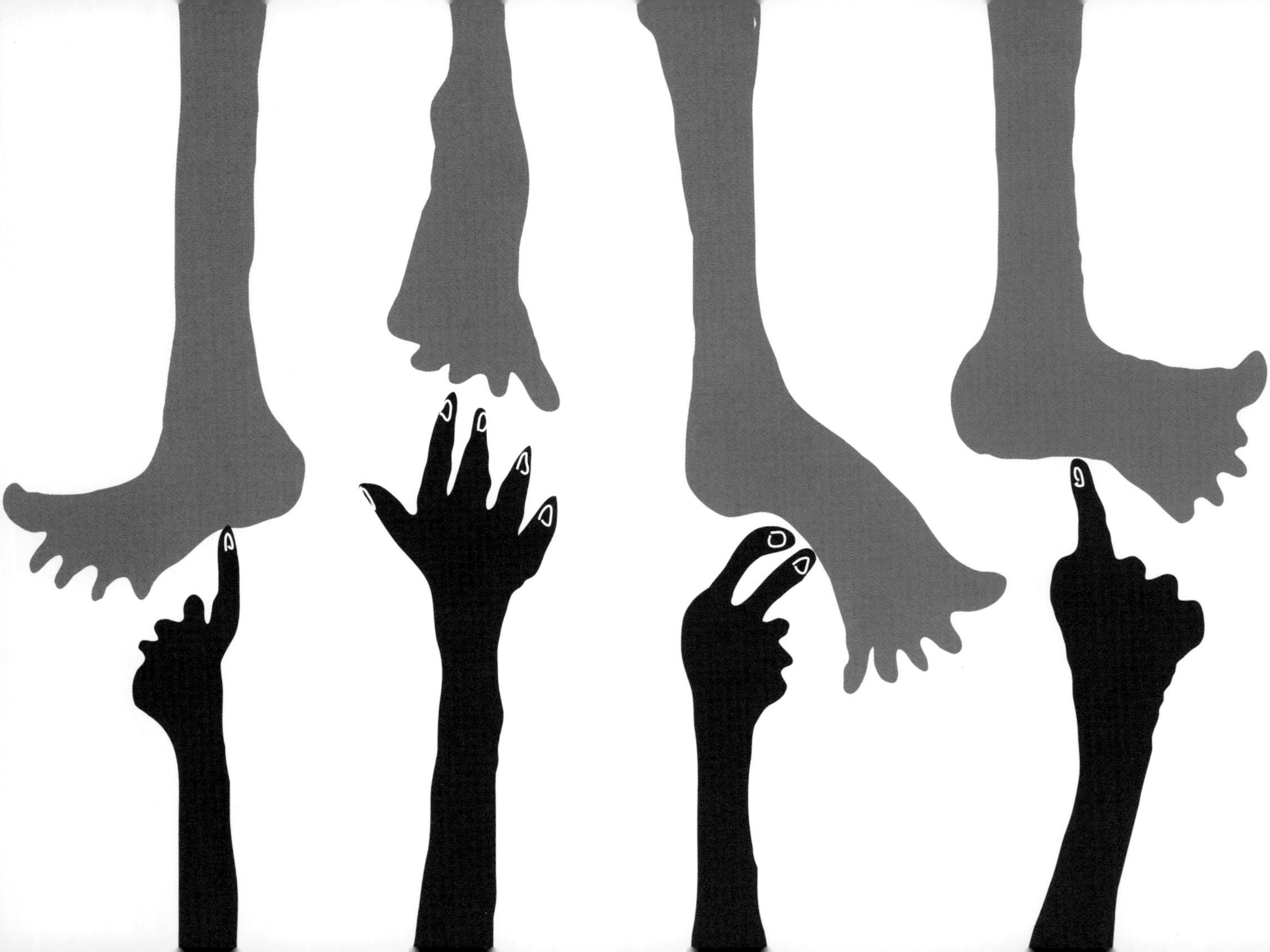

Bronzino
Portrait of Giovanni, son of Cosimo I de' Medici
1545
oil on panel; 58 x 45 cm
Florence, Galleria degli Uffizi

Aren't you the little devil, Johnny,
Clutching with such bubbly joy
This little bird, so bright and bonny,
As if it were your special toy.

Sometimes you are a little brat
When you scream or when you cry,
And even now when, like a cat,
You grasp that finch that wants to fly.

Are you a devil, bright and red,
Hiding in full view of all?
Oh, no, you're not, but as I said
A devil's there, bright red and small.

Bronzino and workshop
Portrait of Lorenzo de' Medici, called the Magnificent
1555–65
oil on tin, 16 x 12.5 cm
Florence, Galleria degli Uffizi

I don't say this to harm you, but...
If words still mean what they're supposed to,
Your name does not quite make the cut.
It's not "Lorenzo" I'm opposed to,

But that "Magnificent", which is
Not really true about your nose,
Or mouth, or chin, or head... In this
Respect the word's not even close.

But I do certainly concede
That you were once so fine in mind,
In wisdom, spirit, and in deed,
And so the title fits... in kind.

Bronzino
Portrait of Bartolomeo Panciatichi
1541–5
oil on panel; 104 x 85 cm
Florence, Galleria degli Uffizi

Bartolomeo, I know you were
Contently reading a small tome
(A learned text, if I don't err)
On your fine balcony at home,

When all at once he barked because
He wished to tell you he was there
And that, perhaps, his restless paws
Needed to move and go somewhere.

You scowled at him and told him: "Hush!"
So now he sits, forlorn and sad,
With ears down low, his face a blush.
Give him a pat and make him glad!

Bronzino
Holy Family with St John (Panciatichi Madonna)
1538–40
oil on panel; 116,9 x 93,5 cm
Florence, Galleria degli Uffizi

"Dear Mary," Joseph says, "if in a while
Our little baby Jesus should awake
And want to eat, I'll light this little pile
Of sticks so you might cook a meal or bake,

But note," then Joseph adds, "his cousin John
Has come to play with him, and when they're done
Pursuing one another on the lawn
They'll both be very hungry for a bun."

"I'll bake some sweets for them," she says and smiles,
"Some buns, and pastries, and a healthy snack.
I'll make some cookies, too, in various styles.
But where is all my flour? Where is that sack?"

Bronzino
Portrait of Lorenzo Lenzi
1527–8
oil on panel; 92 x 72,8 cm
Milan, Civiche Raccolte Artistiche - Pinacoteca
del Castello Sforzesco

Why do you look bewildered, Master Lawrence?
Why do you stare so strangely into space?
There's not a bright young man in all of Florence
Who's as perturbed as you with that strange face.

Did that fine book reveal what Fate is keeping
Hidden for a future still to pass?
Or are you scared that time is quickly fleeting
And you won't have the book read for your class?

Or did you walk, by chance, quite unaware
In front of a full mirror in the hall
Where suddenly, distracted by the glare,
A figure dressed in black stared from the wall.

Bronzino
Allegorical Portrait of Dante
1532–3
oil on panel; 130 x 136 cm
Florence, private collection

Upon your **head** you wear the **laurel** crown
And in your **hand** you **hold** your famous book,
While at your **right**, and quite a long way **down**,
Stands Florence, yes, but you don't even look.

You have a **nose** for **verses** and fine words,
At least that's what they told me back in school,
And **also** that the Florentines were **nerds**
Who sent you out of **town** and that's not **cool**.

But **tell** me now, what **are** you looking at?
What is that **burning** hill, that great big **fire**?
Who's **in** that boat? A friend, a foe, a rat?
Or a **surprise** for Florence, dark and **dire?**

Bronzino
Allegory of Venus, Cupid and Jealousy (or *Invidia*)
c. 1550
oil on panel; 192 x 142 cm
Budapest, Szépművészeti Múzeum

This is a truly splendid scene that shows
How love bestows both honour and a crown,
Its arrows do no harm, nor do its blows,
In short, it's something good that brings renown.

And then we see that love will always clear
Away the mask of falsehood and deceit
Because true love is honest and sincere,
It does not burn or break, despite its heat.

And yet, a monster always lies in waiting
With evil serpents coiling at its mouth,

It's always in the back, it's always baiting ...
What does it have to do with love, this lout!

Bronzino
Portrait of the Dwarf Morgante (front)
before 1553
oil on canvas; 150 x 98 cm
Florence, Galleria degli Uffizi

What now, Morgante? Are you a god?
Decked up like that you could well be
The god of wine himself. How odd!
And with a glass and jug, I see.

You like your wine, that's very clear,
And you have drunk some, have you not?
Watch what you're doing, don't come so near,
You're spilling wine, you drunken sot!

It's always fun to toast with wine
With all your friends at a fine feast,

But do keep track of that fine line

That separates us from the beast.

Bronzino
Portrait of the Dwarf Morgante (back)
before 1553
oil on canvas; 150 x 98 cm
Florence, Galleria degli Uffizi

What now, Morgante, are you a god?
The god of hunters, it would seem.
You go out hunting with a rod
And with an owl ... are you a team?

"The owl is trained to seek the prey
Then I come by with stick held high
And while the owl holds it at bay
I swing my stick and it's good-bye.

This big fat bird is proof to me
That my technique is a great hit:
This afternoon it flew quite free,
Tonight it roasts upon my spit."

Bronzino
Portrait of a Lady with a Small Dog
1530–3
oil on panel; 89.8 x 70.5 cm
Frankfurt, Städel Museum

This fine lady is willing to pose
For long hours and she doesn't care
For she knows that this sitting all goes
For a portrait of her in her chair.

But her little pet dog, what's he know?
What's he care of her portrait so fine?
He is dying to jump up and go
Play with balls, and with toys, and with twine.

Do you know how she made him sit still?
She kept twirling that ball in her hand
With a grace that concealed a great skill
And enchanted her dog just as planned.

Bronzino
Portrait of a Man (Pierantonio Bandini?)
c. 1550–5
oil on panel; 106.7 x 82.5 cm
Ottawa, National Gallery of Canada

yes

yes

Why, yes, Pierantonio, you're really quite handsome
With that long thick beard that comes down in two strands,
And let's not forget your brown eyes worth a ransom
And that ample forehead or milky white hands.

Why, yes, Pierantonio, your elegant nature
Is clearly revealed by the silk of your coat
That shines forth with flashes of deep blue and azure
And makes the bright red of your shirt quite a note.

You're handsome and stylish, but don't be deceived –
That woman did not lose her head over you.
Relax, then, my friend, and do not be peeved ...
She's had other lovers, and this is quite true!

but

but

but

Bronzino
Adoration of the Shepherds
c. 1539–40
oil on panel; 65.3 x 46.7 cm
Budapest, Szépművészeti Múzeum

Above, in a crown, the five little angels
Sing wonderful songs like five larks in the sky
While down on the earth the three great archangels,
In green, red, and mauve bring good tidings on high.

While Mary and Joseph adore the child Jesus
The shepherds arrive from fields far and near,
They lay down their gifts saying "Thank you, Lord Jesus"
And angels respond "Peace to men of good cheer."

Far off in the distance an angel is flying
Alone in the darkness and hovering low.
He's flapping his wings, he is trying and trying,
But tears full of joy make his flying quite slow.

Bronzino
The Holy Family with St. Anne and St. John
1555–60
oil on panel; 133 x 101 cm
Paris, Musée du Louvre, Département des Peintures

John and Jesus are both clutching
Two small goldfinch, rather stressed,
That they rescued from the crushing
winds that blew them from their nest.

John and Jesus love all creatures
So they saved these orphan birds
Gave them love and, like good teachers,
Reassured them with kind words.

But the birds are not quite happy,
And cry out with open beak,
"We need water! Make it snappy!"
Can you find some? Go and seek!

Write your own ***rhyme*** here

scrivi qui
la tua
filastrocca